NAME:

Aa Bb Cc Dd

Ee Ff Gg Hh

Ii Jj Kk Ll

Mm Nn Oo Pp

Qq Rr Ss Tt

Uu Vv Ww Xx

Yy Zz

Aa Bb Cc Dd

Ee Ff Gg Hh

Ii Jj Kk Ll

Mm Nn Oo Pp

Qq Rr Ss Tt

Uu Vv Ww Xx

Yy Zz

4 letter tracing sheets are located in the back of this book*

Sample Sentence Starters

I watched my...
I am excited because...
I am wearing a...
I saw a...
I can't...
I want to go to the...
My opinion is...Because...
Can you open the...
I talk with...
I am happy because...
Here was my...
I wish...
I don't know...
She likes...
He likes...

I jumped...
I want to eat...
I like that...
I don't like it when...
My favorite game is...
My pet likes...
My family...
My mom ...
My dad likes...
My favorite toy is...
Here is our...
My teacher asked...
My friends see...
I feel...Because...
I know that...

Aa Bb Cc Dd

Ee Ff Gg Hh

Ii Jj Kk Ll

Mm Nn Oo Pp

Qq Rr Ss Tt

Uu Vv Ww Xx

Yy Zz

Aa Bb Cc Dd

Ee Ff Gg Hh

Ii Jj Kk Ll

Mm Nn Oo Pp

Qq Rr Ss Tt

Uu Vv Ww Xx

Yy Zz

Aa Bb Cc Dd

Ee Ff Gg Hh

Ii Jj Kk Ll

Mm Nn Oo Pp

Qq Rr Ss Tt

Uu Vv Ww Xx

Yy Zz

Aa Bb Cc Dd

Ee Ff Gg Hh

Ii Jj Kk Ll

Mm Nn Oo Pp

Qq Rr Ss Tt

Uu Vv Ww Xx

Yy Zz

Aa Bb Cc Dd

Ee Ff Gg Hh

Ii Jj Kk Ll

Mm Nn Oo Pp

Qq Rr Ss Tt

Uu Vv Ww Xx

Yy Zz

Aa Bb Cc Dd

Ee Ff Gg Hh

Ii Jj Kk Ll

Mm Nn Oo Pp

Qq Rr Ss Tt

Uu Vv Ww Xx

Yy Zz

Aa Bb Cc Dd

Ee Ff Gg Hh

Ii Jj Kk Ll

Mm Nn Oo Pp

Qq Rr Ss Tt

Uu Vv Ww Xx

Yy Zz

Aa Bb Cc Dd

Ee Ff Gg Hh

Ii Jj Kk Ll

Mm Nn Oo Pp

Qq Rr Ss Tt

Uu Vv Ww Xx

Yy Zz

Made in United States
Cleveland, OH
03 July 2025

18030390R00063